# AUTOCINEMA

# AUTOCINEMA

Gaspar Orozco
Translated by Mark Weiss

chax 2016

Chax Press
PO Box 162
Victoria, TX 77902-0162

Chax Press is supported in part by the School of the Arts and Sciences at the
University of Houston-Victoria. We are located in the UHV Center for the Arts in
downtown Victoria, Texas.

Chax acknowledges the support of graduate and undergraduate student interns and
assistants who contribute to the books we publish.

This book is supported by private donors. We are thankful to all of our contributors
and members. Please see http://chax.org for more information.

Layout: Jeffrey Higgins

# CONTENTS

## Translator's Note

Autocinema is the common Spanish word for a drive-in theater. Orozco's experience of drive-ins, and mine as well, is more cultural than actual, and his drive-in's programming would be decidedly unlikely in Chihuahua, Juarez, or even New York. "My intention," Gaspar has written, "has been no more than to project a small film, a one-page film, onto each sheet of paper": films often in dialogue with the films of actual directors. Most often they're seen on unusual, intimate surfaces, far smaller than the giant screens of real drive-ins, even onto "my skull's thinnest wall," where only Orozco is likely to have seen them.

For these reasons, Gaspar and I agreed to leave untranslated the Spanish title, with its suggestion of a filmography of the self.

1

*Se lee en la pantalla; "sólo para ti"*
Enrique Lihn

*On the screen is written: "just for you."*
Enrique Lihn

## Film visto en una tecla de piano

El rumor vidriado del archipiélago. Recordar los nombres de las ciudades per-
didas. Presenciada en el acto de desvanecerse, la roja inicial de cada nombre.
Así, la desaparición del puente, de la columna, de la cúpula—casi transparente
como párpado de culebra. El templo vibra bajo una hoja amarilla. En el fondo
del pabellón sumergido, música. Se hunde el colmillo de la luna. Pausa de la
orquesta: el cantante vierte un secreto al oído de una piedra. En el resplandor del
hueso, la grieta. Si alguien se atreviera a despertarla, la nota durará eternamente.

## Film seen on a piano key

The glazed murmur of the archipelago. Remembering the names of lost cities.
The red first letter of each name caught in the act of vanishing. Thus, the dis-
appearance of bridge, column, cupola, almost transparent, like a snake's eyelid.
The temple quivers beneath a yellow leaf. Music in the depths of a submerged
pavilion. The tooth of the moon has sunk. The orchestra pauses: the singer
intones a secret to the stone. A crack in the bone's splendor. The note will last
forever if anyone dare awaken it.

## Film visto en el lóbulo de una oreja

Península. Las huellas perdurarán aquí largo tiempo. Blanca, la arena. A lo largo de la playa, trozos de porcelana y vidrio. Pedacería de minúsculas maquinarias, también. Con el punzón de acero de un compás dibujo rayas, senderos. Lo abandono en el trazo incompleto de una vocal silenciosa. Un molusco se oculta entre la hierba gris. Dicen que esta arena cubre un vasto paisaje de huesos, de armas y de piedras que guardan mucho tiempo los sonidos. Mas allá, un agujero indica un pozo. Ciego. Adherido en la pared, el esqueleto de un caracol. Decido regresar. El viento vacío. Todas mis huellas se han borrado. Llega a mi el ruido irregular del motor de un barco que se acerca a la orilla.


## Film seen on an earlobe

A peninsula. Footprints will survive for a long time here. The sand is white. Fragments of pottery and glass on the beach. Bits of tiny machinery also. With the steel point of a broken compass I draw lines, paths. I stop in the midst of an unfinished sketch of a silent vowel. A mollusk hides in the gray grass. They say that this sand covers a vast landscape of bones, weapons and stones that sounds have protected for a long time. Further off, a hole marks a well. Blind. On the wall, the skeleton of a snail. I decide to go back. Empty wind. All of my footprints have been erased. I hear the irregular noise of a tugboat approaching the shore.

## Film visto en un *wunderkabinet* del ebanista Ulrich Baumgarten (1600-1652)

*Para Monika Zgustova*

Ciudad nocturna el gabinete del coleccionista. Arribará el viajero siempre a la hora del austro y de la marea alta. Desde cada cornisa te observa un pájaro. Arquitectura, razón sombría. En el hueco del nicho descansa una botella con agua de lluvia de febrero. En la escalinata del templo, destella un trozo vivo de coral rojo. ¿Es música lo que se desprende desde el filo del obelisco? ¿Es otra forma de tiempo? Bajo las vértebras diáfanas del arrecife, la mano dormida traza un círculo dentro de otro círculo: no hay constelación que rompa la noche del ébano. Pero la llave de oro arde en la última puerta. Por una rendija, descubres al caracol rayado como un tigre de Amoy. El rugido dulce del mar.


## Film seen in a *wunderkabinet* made by Ulrich Baumgarten (1600-1652)

*for Monika Zgustova*

The collector's cabinet as nocturnal city. The traveler will always arrive with flood tide and the south wind. A bird is watching you from every parapet. Architecture as somber proportion. A bottle of February's rainwater rests in the hollow of the niche. A chunk of red coral glints on the temple staircase. Is it music that seeps from the edge of the obelisk? Is it time in another form? Beneath the reef's diaphanous vertebrae the sleeping hand traces a circle within a circle: no constellation breaks the ebony night. But the gold key burns in the final door. Through a crack you discover a sea-snail striped like an Amoy tiger. The soft roar of the sea.

## Film visto en el grito de una gaviota

En la punta de los dedos de la estatua, la ceniza. La mano señala el sitio del poder del mar, ahora oscuro, ahora dormido. El que sueña, escucha. Contra el viento, el vuelo suspendido de la gaviota entre dos islas. Pero esta sal cae en territorio incierto. El que recibe esta nota en medio de su frente ¿en dónde se encuentra? ¿Entre los que navegan en barcos de impenetrable silencio y tocan con la mirada el agua helada? ¿Entre los que ven alejarse las naves desde orillas de metales carcomidos? Gaviota y muro. En la punta de los dedos de la estatua, niebla.

## Film seen within a gull's cry

Ash on the statue's fingertips. The hand points to the source of the sea's power, dark now, sleeping. The dreamer listens. Against the wind, the flight of the gull suspended between two islands. But the salt falls on uncertain ground. Where is he who receives this message within his forehead? Among those who sail in impenetrably silent ships and touch with their gaze the frozen water? Among those who have just abandoned ships that arrive from shores of rusted metal? A gull and a wall. Mist on the statue's fingertips.

## Film visto en una casilla blanca de un tablero de ajedrez

Ha tiempo que oí el trote de un caballo que huyó. El viento del este trajo hoy unos granos de arena roja. Desde aquí, he visto caer la torre. He visto inclinar la cabeza al obispo. Por una grieta dicen que se puede ver el mar. Otros dicen que se trata de un sueño inmóvil en la cabeza de la Reina. Nuestro Señor tuvo un sueño con un árbol desconocido en cuyas frondas se ocultaban pájaros sin nombre. Ese día la victoria fue nuestra. Nuestro reino es pétalo en el dedo de Dios. Ayer la Reina se desplazó al norte. Su paso una gota de metal. Más allá del puente se extienden los trigales negros. Comienza a descender la nieve. Silencio.

## Film seen on a white square on a chessboard

Once I heard a horse run off. Today the east wind carried some grains of red sand. From here I saw the tower fall. I saw the bishop bow his head. Others say that the sea can be seen through a crack. Others say that it's a still dream in the Queen's head. In a dream Our Lord discovered an unknown tree in whose fronds were hidden nameless birds. That day we were victorious. Our kingdom is a petal on the finger of God. Yesterday the Queen moved northward. Her step was a drop of metal. Black wheat fields spread out beyond the bridge. The snow begins to fall. Silence.

## Film visto en una cuenta de ámbar

De ese tiempo, las palabras que guardan la misma claridad que el silencio. Por eso hablar no era necesario. El fondo de las noches recordaba el oro más antiguo: las horas del levísimo secreto, de cuando comienzas a internarte en el mundo que vive en los ojos cerrados. Una música que llega de muy lejos. Un aroma que viaja desde lo más oculto del durazno. *¿No es el otoño la manera más translúcida de la memoria? ¿No es el otoño el comienzo del incurable olvido?* Una mirada se vierte en otra y de la unión nace un agua nueva. Un color visible tan sólo para los ojos nuestros. Y ahí, suspendida, una astilla del sol, viva a la mitad de la noche. Desde esa luz, por esa luz, escribo: *Tuve en mi mano el fruto del viento. Y era tibio.*

## Film seen within an amber bead

Words from then that retain the clarity of silence. Which is why speech was unnecessary. The depths of night remembered the oldest gold: hours of the lightest secret, of when you begin to enclose yourself in the world that lives within closed eyes. A music that drifts from far away. A smell that travels from the deepest heart of the peach. *Is autumn not memory's most translucent fashion? Is autumn not the beginning of incurable forgetting?* One glance is poured into another and from that union comes forth a new water. A color visible to our eyes only. And there, suspended, a sliver of sun lives in the dark of night. From and by that light I write: *I held in my hand the fruit of the wind. And it was warm.*

# Film visto en el hilo de una telaraña

*Para Juan Luis Panero*

Si respiras, al otro lado de la ciudad temblará algo. Si recuerdas aquella voz, se iluminará un movimiento, un sonido. Si callas, algo se volverá silencio o ceniza en otra parte. Ciudad, viento. Para el que llegase a tocar esta ciudad, no habrá retorno. Lo sabes bien y de todas formas un día te encontrarás paseando por estas calles vacías, buscando lo inhallable, esperando que lleguen los colores sucios del día.

# Film seen in the thread of a spider web

*for Juan Luis Panero*

If you breathe something will tremble on the far side of the city. If you remember a voice a motion will be lit, a sound. If you are quiet something elsewhere will become silence or ash. A city, a wind. For he who would have come to touch this city there will be no return. You know it, and in any case you will find yourself one day passing through these empty streets, searching for what can't be found, awaiting the arrival of the dirty colors of day.

# Film olvido en el cine "la Rampa" de la Habana

Al salir de un cine en La Habana, antes de que acabara la función, dos viejos me preguntaron en el vestíbulo el nombre de la película. No pude recordarlo. Desviando de mí su mirada, uno de los viejos dijo- *tan joven y con tan mala memoria.*


# Film forgotten in the Rampa Theater in Havana

*for Mark Weiss*

I was leaving a theater in Havana before the show was over when two old men in the asked me the name of the film. I couldn't remember. Turning away, one said to the other: *so young and such a lousy memory!*

## Algunos films vistos en una espiga o pequeño Libro de Ruth

Del árbol de hierro, el fruto más suave. Lo depositó una ola vacía en la orilla, frente a mí. En una habitación solitaria memorizas ahora las líneas de la piedra, los murmullos de la sal. Pródiga en apariciones es la frontera entre el otoño y el invierno es esta isla. Si tocaras la piel del agua, los astros de todas las noches se unirían. Si tocaras mi frente, se dispersarían todos mis recuerdos. De ti, las palabras en la lengua del hierro y la nieve: en el principio, el árbol bajo el cual nací y cuya sombra es mi sangre, cuyo rumor es mi silencio, cuyo follaje es mi memoria, cuya raíz es mi olvido.

*

En el escenario de mi cabeza, una mujer dentro de un círculo de espigas rotas. Busca y recolecta las no tocadas por la siega. Nadie en este teatro. Al terminar de espigar, la alforja llena, levanta agradecida su mirada hacia el poniente. Cae el telón. Todos los silencios. En ese instante, comienza el incendio, fragante y violento. Abandono en calma el edificio. El teatro en llamas es la única luz en la isla. Lentamente, la ínsula se pierde en la noche. Un punto de fuego cada vez más pequeño, cada vez más nítido, punza en mi cabeza.

*

Del otro lado del océano te alcanzarán estas imágenes. Allá el viento estará cortado por espadas. Como pan de guerra. Te escucho repetir tus líneas en una habitación vacía. En el fondo de un espejo la isla, la lluvia: otra manera de decir la memoria. ¿Por qué punto llegará la tan ansiada Gracia? Miraré al este y aguardaré. Te adivino dormida, oculta entre las ondulaciones del centeno en un invierno extrañamente tibio. El lucero que se apaga sobre mí en esta hora, en tu cielo se enciende con otra fuerza. Sé que hoy la Gracia te posee.

*

Del cuarto contiguo, abandonado, escucho el oleaje de los trigales blancos. La secreta oración del invierno en la isla desierta.

*

Y el paraíso estará cubierto de espigas hasta el límite de nuestros ojos muertos.

# Some films seen on a spray of wheat (a little Book of Ruth)

From ironwood the softest fruit. An empty wave left it before me on the shore. Now by yourself in a room you memorize the stone's lines, the salt's murmurs. On this island the border between autumn and winter is lavish with apparitions. If you touch the water's skin the stars of all nights come together. All my memories disperse if you touch my brow. From you come words in the language of iron and snow: in the beginning, the tree beneath which I was born whose shadow is my blood, whose murmur my silence, whose leaves my memory, whose roots my forgetting.

*

In the scene in my head is a woman surrounded by broken sprays of wheat. She gathers those not harvested. There's no one in the theater. Gleaning done, her basket full, gratefully she gazes westward. The curtain falls. All the silences. At that moment, fragrant and violent, the fire begins. Calmly I leave the theater. The theater in flames is the only light on the island. Slowly the island is lost in the night. A smaller and smaller ever-sharper dot of flame pierces my head.

*

These images will come to you from across the ocean. There the wind will be cut with swords. Like the bread of war. I hear you rehearse your lines in an empty room. In the depth of a mirror, the island, rain; which is to say: memory. From whence will come the much-awaited Grace? I will look to the east and abide. I suppose you sleeping, hidden among waves of rye in an oddly gentle winter. The star extinguished above me at this hour in your heavens is lit by a different power. I know that now you are possessed of Grace.

*

From the empty adjoining room I hear the tidal surge of white wheat. The secret prayer of winter on the desert island.

*

And paradise will be covered with sprays of wheat for as far as our dead eyes can see.

27

# Film visto en el ojo de una cerradura

Se abre para ti el jardín de instantes.


# Film seen through a keyhole

For you the garden of moments is opened.

2

No es para mí, es para ti.

Busco un film breve, una visión ingrávida, irrepetible como la estrella encerrada en un copo de nieve. Busco un film no visto, una letra no escrita, con el peso de un grano de sal de mar, de una semilla de amaranto. Necesito una película, un poema—¿acaso no llegan por diferentes caminos al mismo punto?—ligero como el hueso de cereza negra que cae en un plato de porcelana, como el ojo de cristal de un juguete hundido en una penumbra de muchos años. Persigo el nombre, la levísima luminosidad que sea capaz de contener la tibieza del meñique de mi hijo que ahora duerme sobre mi brazo izquierdo.

It's not for me, it's for you.

I search for a short film, a weightless vision, unrepeatable as the star enclosed in a snowflake. I search for a film unseen, a letter unwritten, as light as a grain of sea salt, as an amaranth seed. I need a film, a poem—perhaps they arrive at the same place by different paths?—as light as a cherry pit falling on a porcelain plate, as the glass eye of a toy sunk in a years-old shadow. I chase the name, the merest luminosity that can contain the warmth of my son's little finger as he sleeps on my left arm.

3

*But it starts with desire.*
David Lynch

# Film visto en Coney Island

*Para Nacho Vegas*

Como una libélula que vibra en un frasco, así la mujer dentro de tu mirada. De las palmas de sus manos florecen tres llamas. Pétalos que se tornan espinas, espinas que se tornan amatista. En esta hora el violeta de la gasolina es el más sabio de los perfumes. Recorre el fuego los dibujos de su cuerpo: mandorla. Despacio, la llama atraviesa su alma, que es la de todos nosotros. Las luces responden al dulce llamado de la lengua. En silencio ascienden a la unidad. Aliento es luz. Es preciso que ese fuego no se extinga jamás.

# Film seen on Coney Island

*for Nacho Vegas*

Like a dragonfly fluttering in a jar is the woman within your gaze. Three flames flower from the palms of her hands. Petals that become thorns, thorns amethyst. At this hour the gasoline's violet is the wisest perfume. The fire courses through the pictures on her body: a mandorla. Slowly the flame crosses your soul, which is each of our souls. The lights respond to the tongue's sweet call. They ascend in silence to oneness. Breath is light. Truly that flame is never extinguished. I see this on the island that evaporates at dawn.

# Film visto en in "múltiple" de Hans Arp

*Para Peter Goode*

Mi amigo Peter pule un pedazo de metal frente a la ventana. ¿Se trata de la pieza de una maquinaria desaparecida hace mucho tiempo? ¿Del fragmento perdido del yelmo? El metal brilla como agua que nunca volveré a ver. ¿Será la figura de un pájaro que extiende una sola ala o será el contorno de un cometa en su última noche sobre la tierra? Con un paño azul, Peter construye el irrepetible astro de este instante. Tal vez se trate de la silueta fugitiva del otoño o de un amuleto para atraer el verbo blanco de la lluvia. ¿Y si fuera una llave para abrir las puertas de la niebla? ¿O una esquirla de la bomba que durmió sumergida hasta escuchar la voz de esa mujer? ¿Podría ser el número de bronce arrancado de la fachada del laboratorio central? En la superficie del oro, Peter abre el reflejo de su mirada: la onda sin final del espejo contra el espejo. Ahí está el alma.

# Film seen on a Hans Arp "multiple"

*for Peter Goode*

By the window my friend Peter is polishing a piece of metal. Is it the machine part that's been missing so long? The lost shard of a helmet? The metal shone like water that will never be seen again. Will it be shaped like a bird extending a single wing or the outline of a comet on its last night above earth? Peter builds the never-to-be-repeated star of this moment with a blue rag. Maybe it's autumn's ephemeral silhouette or an amulet to attract the rain's white word. What if it were a key to open the fog's gates? Or a splinter of the bomb that slept submerged until hearing that woman's voice? Could it have been the bronze number torn from the facade of the central laboratory? Peter opens the reflection of his gaze onto the gold surface: endless wave of a mirror reflecting a mirror. The soul is found there.

## Film visto en otra cuenta de ámbar

Encontraré en el límite del bosque el árbol herido en el que tu flanco hará su aparición. Entre las palabras, encontraré la única, la que sólo a tu tiempo rojo pertenece. Viajas al fondo de tu sombra—ese país de un largo eclipse—y retornas con una historia de pájaros, de ausencia y de un nombre cifrado. La imposible belleza de una voz en la ciudad muerta. Y en mis palmas dejas caer la intensidad del verbo primero: como vértebras de relámpago esas palabras duras, afiladas, que al cerrar las manos desaparecen con gemido de mar y de acero. Al terminar de relatar tu historia, la isla te concede el resplandor y el silencio: su memoria verdadera.


## Film seen within another amber bead

I will find at the edge of the woods the wounded tree upon which your side will craft its appearance. I will find among words the one which belongs to your red time only. You travel to the depths of your shadow—that land of a long eclipse—and return with a tale of birds, absence and a secret name. The impossible beauty of a voice in the dead city. And you drop in my palms the intensity of the first pronouncement: these hard, sharp words like lightning vertebrae that when I close my hands disappear with a moan of sea and steel. When you have finished your tale the island grants you splendor and silence: its true memory.

## Film visto en una casilla negra en un tablero de ajedrez

Ha subido la marea. Nuestra luna es una argolla de hierro. El Obispo moja sus largas manos y sus vestiduras en la espuma rabiosa. Eleva una oración para la batalla. *Salve.* Un temblor cruza la piel lustrosa de nuestros caballos perdidos. En la punta de las torres que se pierden al alba, el fuego. De los dones de los astros, elige la caída. A lo largo de la noche, el Rey practica su caligrafía. Los interminables nombres del agua. Una y otra vez. Garfios de luz sus versales. En los confines del reino, crece la hierba salvaje. Brindé a la Reina una brizna. Con dulzura eligió un diente de león y sopló sobre él: las semillas se esparcieron en ambos reinos. Comienza a descender la nieve. Silencio.


## Film seen on a black square on a chessboard

The tide has risen. Our moon is a ring of iron. The Bishop wets his long hands and his vestments in the rabid foam. He says a prayer for battle. *Salve.* A shiver crosses the sleek skin of our lost horses. There's a flame at the top of towers lost at dawn. From among the gifts of the stars I choose the fall. All night long the King practices caligraphy. The endless names of water. Their first letters are hooks of light. Wild grass grows along the borders of the kingdom. I offered a blade to the Queen. Sweetly she chose a dandelion and blew on it: the seeds dispersed across both realms. The snow begins to fall. Silence.

## Film visto en un cero

Perfectamente inmóvil, el viajero duerme un sueño duro, cerrado. Por la ventanilla, jirones de paisaje. Un escarabajo trepa por la manga del abrigo del viajero. Abierto frente a él, un cuaderno a rayas. Filas de cálculos con números negativos que descienden a simas inconcebibles. El cristal de la ventanilla se cubre de una fina capa de escarcha. *¿Has sentido el gélido fulgor de un número que se devora a sí mismo?* reza la oración subrayada en verde en el libro *Preguntas a Hiparco*. La uña del meñique derecho del viajero es larga, cuidadosamente barnizada. En la punta, un poco de arcilla de la margen derecha del Tigris. Un lápiz rueda por la mesa y cae al vacío.

## Film seen within a zero

Still as stone, the traveler, dead to the world, sleeps a hard sleep. Threads of landscape through the window. A beetle climbs the sleeve of the traveler's coat. Before him is a lined notebook. Rows of calculations of negative numbers descend to inconceivable chasms. The window pane is covered with a thin layer of frost. *Have you seen the frozen glow of a self-devouring number?* asks the passage underlined in green in *Questions for Hipparchos*. The nail of the small finger of the traveler's right hand is long and carefully lacquered. On the tip is a bit of white clay from the right bank of the Tigris. A pencil rolls across the table and falls into space.

# 7 films vistos en los agujeros de un auricular telefónico

1

Una a una, quiebra sus espinas el resplandor que rodea a la isla. Circunferencia de agosto. Entre las cenizas del oleaje, una brasa. La siento extinguirse bajo mi piel con un largo siseo. Un sonido—como de alas de levísimos insectos—me obliga a mirar la frente de la mujer que está a mis espaldas, esperando su turno en la cabina telefónica. No encuentro a nadie. El mar crepita.

2

Precisa, regular, la luz se enciende. Tras cumplir un segundo exacto, muere. De un verde intenso, cada pulsación es un milímetro o un kilómetro más en el descenso al fondo. A veces, algunos seres se acercan por curiosidad a esta suave llamada. Espinas, alas, membranas. En el fondo no hay nadie. Pero eso lo dicen porque nadie ha vuelto. El descenso continúa. En una habitación en penumbras un teléfono timbra sin cesar.

3

Entre el azogue de la lluvia, emerge una ciudad de muros circulares. Ninguna puerta, ninguna abertura. ¿Quién me busca? Las islas saben comunicarse entre sí de maneras secretas. ¿Quién me habla? Plegaria, ala de cobre. Entreabiertos, los labios. Jurarías haber visto a la lengua rozar el oscuro filo de los nombres. Jamás dirá una palabra.

4

La abierta respiración de la que duerme. Podrías adivinar su pensamiento si quisieras. Casi invisible, se alza entre una letra y una piedra, entre un cable y un astro, entre una escalera y una raíz, el altar de instantes. No el viento, sino una vibración más honda. El trayecto secreto en el estrecho de la noche. La isla respira en una hoja seca clavada en un muro.

5

Se deshoja el trueno en la distancia. Un pétalo roza el arma de la memoria.

6

El solitario espera el momento en que una palabra cualquiera se encienda en el fondo de aquella voz. Esa luminosidad le alcanzará para sobrevivir una noche larga o un invierno o tal vez una vida. La más extraña cacería, la de la voz perdida.

7

¿Qué pesa más? ¿La última palabra o el último silencio?

# 7 films seen in the holes in a telephone receiver

1

The glare that surrounds the island snaps its spines one by one. The circumference of August. An ember amidst the ashes of surf. I feel it extinguish beneath my skin with a long hiss. A sound—like the wings of the lightest insects—draws my attention to the brow of the woman behind me, waiting her turn for the telephone. I encounter no one. The sea crackles.

2

Precise, symmetrical, the light is lit. It dies at the end of exactly a second. Deep green, each pulsation an inch or a mile of descent closer to bottom. At times, curious, creatures approach this soft call. Spines, wings, membranes. There's nobody at bottom. But they say this because nobody's ever come back. The descent continues. In a shadowed room a telephone rings and rings.

3

A city with circular walls emerges from the quicksilver rain. No door, no opening. Who looks for me? A prayer, a copper wing. Lips half open. You would swear that you'd seen the tongue touch the dark edge of names. You will never tell.

4

The sleeper's open breathing. If you wished to you could guess her thought. Almost invisible, the altar of instants is built between letter and stone, cable and star, staircase and root. Not a wind, but a deeper vibration. The secret course through the strait of night. The island breathes on a dry leaf nailed to the wall.

5

Thunder is plucked apart in the distance. A petal grazes the armament of memory.

6

The recluse awaits the moment when an everyday word will ignite in the depth of that voice. That luminosity will reach him so as to survive a long night or a winter or perhaps a life. The strangest hunt, for the lost voice.

7

What weighs more, the final word or the final silence?

## Film visto en una mancha de una ventanilla del tren mientras cruza el barrio de Astoria, Nueva York

*Para Dito Montiel*

Y llegará el momento en que habremos de reconocer a nuestros santos, a aquellos que se cruzaron en nuestro camino y nos enseñaron, por fugaz que haya sido el encuentro, por humilde que haya sido su sabiduría, a vivir. Y ante su imagen, ofrendaremos aquello que tengamos a la mano—como yo ahora intento que estas palabras nos abran su luz. Y en nuestra casa habitarán, por un momento, los oros de la memoria. Porque hoy nadie sabe si esta noche tendrá final.


## Film seen within a smudge on the window of a train rolling through Astoria, New York

*for Dito Montiel*

And the time will come when we need to recognize our saints, those who walked our paths and taught us to live, no matter how brief the encounter nor humble the knowledge. And before their image we will offer what we have in our hand—as I attempt now to make these words open to us their slight warmth, their tiny light. And the gold of memory will dwell for a moment in our houses. Because now no one knows if this night will end.

## Algunas placas de vidrio encontradas en una isla

Estaba ya escrito que, durante el espacio de la lucidez irrenunciable, sobre la pared más delgada del cráneo, ella proyectara en mí las pequeñas iluminaciones de su linterna mágica: los temblores azules y ámbar de este naufragio.


## Glass slides found on an island

It was already written that, in the period of total clarity, she would project on my skull's thinest wall the tiny illuminations of her magic lantern: the tremulous blues and ambers of this shipwreck.

## Film visto en el botón encendido de un ascensor en camino a un piso abandonado

Nadie, excepto los pájaros, queda en la ciudad. Y por eso un aleteo a esta hora de la noche se escucha hasta lo más lejos. Un grajo se multiplica por cien. Un latido resuena como una fila de tambores de piel púrpura. La fogata ha devorado las pocas pertenencias que aún guardaba. Al final, he comenzado a alimentar la llama con mis cartas y mis cuadernos. Lo último que podría decir que es mío. Después, podré partir sin mirar atrás. En eso por lo menos confío. Son tiempos en los que nuestro salvoconducto es la amnesia, el olvido más completo el único puente en pie. Si desde algún lugar alguien mira este fuego, guarde una pequeña alegría para mí y sepa que este breve astro se extinguirá sin amargura una vez que haya consumido la noche de mi nombre. Ante mí, la sombra abre sus puertas.

## Film seen on the lit button of an elevator ascending to an empty floor

Nobody but birds are left in the city. That's why at this hour of night a farthest fluttering is heard. A rook is multiplied a hundredfold. A beat resounds like a line of purple leather drums. The bonfire has devoured the scant belongings that still remained to me. At the end I have begun to feed my letters and notebooks to the flame. The last things that I could say were mine. Afterwards, I could leave without a backward glance. Of this at least I am certain. These are times in which our safe conduct is amnesia, total forgetting the only bridge still standing. If someone somewhere watches this fire keep for me a little happiness and know that that brief star will be extinguished without bitterness once it has consumed the night of my name. The shadow opens its gates before me.

4

¿Alcanzaste a leer?

¿Y si el poema no fuera más que un subtítulo que arde apenas un segundo y desaparece bajo el agua del tiempo?


Have you finished reading?

And if the poem were no more than a subtitle that burns scarcely a second and disappears beneath the water of time?

5

*I love this movie, even though I've never seen it.*
Guy Maddin

## Plegaria a Georges Méliès

Gracias te damos, oh Méliès, por colocar la luna al alcance de la mano, por ocultar una reina en el mazo de naipes de los días. Gracias Padre, por transformarte ante nosotros en Luzbel, por avivar el fuego de colores de la perpetua fiesta de tu infierno. Gracias por hacernos creer en la luz, en la inexplicable felicidad de la luz. Nuestra gratitud eterna por hacer estallar tu magnífica cabeza dentro de nuestras pupilas, por multiplicarte en una orquesta de magos que interpreta el silencio. Gracias por herir nuestros ojos con la risa indestructible del diamante. Gracias te damos por el misterio, el alegre misterio. Gracias por el viaje al reflejo del que aún no hemos retornado. Por el asombro, gracias.


## A prayer to Georges Méliès

We give you thanks, oh Méliès, for putting the moon within arm's reach. We thank you, Father, for changing into Luzbel before us, for bringing to life the multi-colored fire of the endless party of your hell. Thank you for making us believe in light, in its inexplicable happiness. Our eternal gratitude for having your magnificent head explode within our eyes, and for multiplying yourself into an orchestra of wizards interpreting silence. We give you thanks for the mystery, the happy mystery. Thank you for the journey to the reflection from which we haven't yet returned. Thank you for the astonishment.

## G.F. Haendel escribe una oda para el aniversario de la reina Ana, 6 de febrero 1713

De la jaula de hierro, tomo dos pájaros. Temblor, destello. En mis manos despiertan poco a poco las voces. *Annus mirabilis.* ¿Alguien recuerda ese cielo? La bengala divide muda el firmamento negro. Y el reflejo permanece en las aguas aún después de que todos los ojos se perdiesen en el fondo de los rostros. Ese el fulgor, ése el murmullo de antes de nacer. Lejanamente perfumada, la sombra de los pájaros. Una cruza la frente de la Nuestra Señora durante un mediodía. Otra sobrevuela lentamente los anillos afilados de su sueño. Ambas se encontrarán precisamente en este día, el de la más propicia claridad, el de la *paz duradera.* Abro las manos: los pájaros se hunden en la bruma.

## G.F. Handel writes an ode for the birthday of Queen Anne, February 6, 1713

I remove two birds from the iron cage. Trembling, glittering. Little by little the voices awaken in my hands. *Annus Mirabilis.* Does anyone remember that sky? Mutely the flare divides the black firmament. And its reflection still remains on the water after all eyes have sunk into the depths of the faces. That glow, that whisper from before birth. A distant scent, the shadow of birds. One of them crosses the queen's face at noon. The other flies lazily above the sharp rings of her dream. Both meet this very day, the day of the most propitious clarity, the day of *lasting peace.* I open my hands: they sink into the mist.

Rudolf Koch, tipógrafo, medita tras escuchar a un grupo de niños recitar el alfabeto en la escuela de una ciudad que será destruida por la guerra

*Para Lluis Agustí*

Porque en la letra están los dioses vivos. Y mi tarea es hacerlos sentir sin hacerlos visibles. Por mi mano han pasado raíces y sales, estrellas y peces. Mi mano durmió el sueño generoso de la tierra y germinó como el grano del sorgo. En la flor del árnica, el prisionero encontrará un sol para las dimensiones de sus dedos. Por eso, *El Pequeño Libro de la Flores* no tiene final. Construyo alfabetos para evocar el silencio. Esta curva huele a la sangre de los bosques. Esta punta alumbra como la bala ciega del suicida. Madera, metal. Sólo para los dioses escribo en el aire, en el agua. Letra es *prisma*. Afortunado, mi escritura es la que aparece en los sueños.

Rudolf Koch, typographer, is lost in thought after hearing children recite the alphabet in the school of a city that will be destroyed by war

*for Lluis Agustí*

Because the living gods are in the letter. And my task is to make them heard without rendering them visible. Through my hands have passed roots and salts, stars and fish. My hand slept the generous sleep of the earth and sprouted like a grain of sorghum. In the arnica flower the prisoner will find a sun the size of his fingers. That's why *The Little Book of Flowers* isn't the final answer. I create alphabets to evoke silence. That curve smells of the blood of trees. That point illuminates like the suicide's blind bullet. Wood, metal. For the gods alone I write in air, in water. A letter as *prism*. It's my writing, fortunately, that appears in dreams.

## Ultima profecía de *L'Atalante*

Cuando, al tocar el fondo de su muerte, Jean Vigo abra los ojos, todos seremos traslúcidos.


## *L'Atalante's* last prophecy

When, upon reaching the depth of his death, Jean Vigo opens his eyes, we will all be translucent

## Algunos sonidos que se escuchan al acercar la oreja a los muros de un cine cerrado hace años

El aleteo de miles de pájaros desconocidos sobre un jardín de invierno. El trueno que llega hasta tus oídos con la forma de una magnolia. Una gota que abre las galerías más profundas de la gruta. Una y otra vez, las mismas risas grabadas, una y otra vez. Del color de una lágrima de mercurio, el disparo que corta en dos la noche. La lluvia haciendo brillar la ciudad negra. El sonar de un submarino perdido bajo las aguas del ártico. El crepitar del fuego que consume una ciudad y la última carta de un muerto. La nota verde de una luciérnaga en un frasco. Tu risa, tu incontrolable risa de niño.


## Sounds heard when the ear is pressed to the walls of a long-abandoned theater

The flapping of thousands of unknown birds above a garden in winter. The thunder that comes to your ears in the form of a magnolia. A drop that opens the deepest corridors of the cave. Over and over, the same laughter recorded, over and over. From the color of a tear of mercury, the gunshot that cuts the night in half. The sheen of rain coating the black city. The sonar ping of a submarine lost beneath arctic waters. The crackling of the fire that consumes a city and a dead man's last letter. The green note of a firefly in a bottle. Your laughter, your irrepressible childish laughter.

## Un muy callado espectador

Una plaza de toros. A la orilla del mar, al lado de una fábrica destruida. Hay un sólo espectador, sentado en las primeras filas. Terno claro, gafas de sol. Va y viene por la plaza vacía un pasodoble inidentificable tocado por una orquesta que no se ve. El hombre se limpia la nuca con un pañuelo bordado con sus iniciales: *J.B.* Del mar asciende el clamor del choque de hielos afilados y de flores boreales. El espectador revisa su reloj. *Es la hora.*

## A very quiet spectator

A bullring. At the seashore, next to a wrecked factory. There's one spectator, seated in the front rows. A bright suit, glasses of sun. Back and forth across the empty plaza an unidentifiable pasodoble played by an unseen orchestra. The man wipes the nape of his neck with a handkerchief embroidered with his initials: *J.B.* The noise of the collision of sharp blocks of ice and boreal flowers rises from the sea. The spectator checks his watch. *It's time.*

# Tod Browning observa una gota de agua bendita a través de un microscopio

*Para Alex de la Iglesia*

El derrumbe de las albas catedrales. Ante mí desfila una interminable procesión de arcángeles contrahechos, enfermos, mutilados. Acercan sus dedos para tocarme. Presencié la caída de Lucifer en el río helado del ojo. La rara perfección de la sombra de un enano desciende los peldaños gastados de mármol. El delgadísimo cabello de un albino ilumina el sanatorio abandonado. Del pico del estornino disecado brota la voz del ventrílocuo: números negros en un hilo rojo. La virgen atraviesa con un largo alfiler el cuerpo de una mariposa. Cada vez más lento el aleteo del ámbar. Vi el rostro de la luz y era deforme. Ahí lo supe: la deformidad era pureza.

# Tod Browning studies a drop of holy water through a microscope

*for Alex de la Iglesia*

The collapse of the white cathedral. An endless procession of deformed, sick, mutilated archangels. Their fingers reach out to touch me. I was witness to Lucifer's fall into the frozen river of the eye. The unusual perfection of the shadow of a dwarf descends the worn-out marble steps. A strand of an albino's hair illuminates the empty sanatorium. Black numbers on a red thread: the ventriloquist's voice sprouts from the beak of the stuffed starling. The Virgin impales a butterfly on a long pin. Slower and slower the amber flutters. I looked upon the face of light and it was deformed. That's how I came to understand that deformity was holy.

## Pequeño sueño del Dr. Mabuse

*Para Hugo Hiriart. a quien también le gustan los monstruos*

Entre el fuego blanco que devora las fábricas, entre las nubes venenosas que invaden la ciudad, un árbol solitario agita sus ramas. Cada una de sus hojas es negra, cada una deja escapar un grito único, diferente.


## A little dream of Dr. Mabuse

*for Hugo Hiriart, who also loved monsters*

Among the white flames that devour the factories, among the poisonous clouds that invade the city, a single tree shakes its branches. Each leaf is black, emits its own shriek.

## Wong Kar-wai observa el movimiento de unos granos de arena

En el día en el que los insectos despiertan de su sueño, retorna el asesino. Siempre llega del este. Trae consigo un ánfora de un licor que, asegura, borra toda memoria. Dejo mi copa intacta, pero el aroma florece—cardo amarillo—en el interior de esta posada miserable. El humo dibuja ejércitos negros sobre la duna. Mojo mis labios en el licor: la quemadura del primer recuerdo que se apaga. Blandir una espada—su hoja escrita con *ése* nombre—basta para desatar una tormenta. La noche la cruzan ladrones de caballos. *Si miras demasiado tiempo la jaula, al final no sabrás si estás adentro o afuera,* le confío al oído al asesino. El no lo recuerda ya, pero es mi hermano. Demasiado tarde. El trago abre mi garganta: el olvido ilumina.

## Wong Kar-wai notes the movement of grains of sand

On the day that the insects awaken the killer returns. He always comes from the east. With him he brings an amphora of a drink that erases all memory. My cup remains untouched, but its aroma—yellow thistle—flowers within this miserable inn. Its vapor draws black armies on the dune. I barely wet my lips: the scorch of earliest memory fades. Waving a sword—its page inscribed with *that* name—enough to unleash a storm. Horse thieves inhabit the night. *If you stare at the cage too long in the end you won't know if you're inside or out,* I whisper in the killer's ear. He is my brother, though he doesn't remember that now. Too late. The drink dilates my throat: lit by forgetfulness.

## Seijun Suzuki mira a través del cañón de una .45

"Cien ojos", "Vientre de serpiente", "Número Cero" son algunos de los nombres de los asesinos. El mundo guarda silencio ante la desaparición de un pétalo. Ignorábamos que el negro pudiera ser tantos colores a la vez. Bello y triste, como la fugaz memoria de una vida anterior. Al artista se le cae la cabeza de los hombros a cada momento. Pero no importa, porque al igual que él, éste río sonríe con dulzura. Un puntito rojo flota sobre cada hoja del bosque, cada guijarro del camino, cada sombra del templo. Reposa ahora sobre tu frente. Significa que es tu turno. Las armas se tornaron del color del granate en las manos de los asesinos. Las palabras se tornaron del color del espejo en la lengua de los poetas. Desde el fondo de los ojos de "Gato Callejero" se refleja un resplandor intolerable que lo consume todo a su paso. Yo lo llamo belleza.

## Seijun Suzuki stares down the barrel of a .45

Hundred Eyes, Snake Belly, Zero, are some of the killers' names. The world is silent before the death of a leaf. We fail to realize that black can be many colors. Lovely and sad, like the fleeting memory of an earlier life. At every moment the artist's head falls from his shoulders. But it doesn't matter, because like him the river smiles sweetly. A red dot floats on every leaf in the forest, every pebble on the path, every shadow of the temple. It rests now on your forehead. Which means it's your turn. In the killers' hands the weapons turned red. The words, in the language of poets, became the reflection's color. From the depths of the eyes of Alley Cat is reflected an intolerable brightness that consumes all passersby. I call it beauty.

## Guy Maddin hojea un catálogo de prótesis del siglo xix

En la punta del meñique de alabastro se posa la mantis religiosa. Las mejores manos son las labradas en nogal de Turquía: las líneas del destino se inscriben con suavidad, pero las huellas son indelebles. Un pulgar de cristal de roca atrapa la luz entera de la isla y la vierte sobre la eterna repetición del sueño de las máquinas. La caricia más dulce es la de la mano mecánica. De la diestra púrpura del Cardenal desciende la bendición sobre los lisiados en el célebre sitio de N: los efectos propios de la señal alcanzan hasta la falange ausente del meñique de un alférez. Eco de música en la oreja de cera: la sonata para tres manos artificiales. Sobre la nieve, la huella más hermosa es la de la pierna de madera de roble. En la penumbra de esta sala, el noble destello del vidrio de Turingia vibra en las pupilas de todos los espectadores.

## Guy Maddin thumbs through a 19th century prosthetics catalogue

The praying mantis alights on the tip of the alabaster pinkie. Hands carved out of walnut in Turkey are the best: the lines of fortune are gently inscribed, but their tracks are indelible. A rock crystal thumb captures all the island's light and spills it over the endless repetitions of the dreams of machines. The sweetest caress is the caress of the mechanical hand. From the purple right hand of the cardinal decends the blessing of the cripples in the famous plaza of N: the effects of that sign reach all the way to the absent phalange of an ensign's pinkie. An echo of music within the wax ear: sonata for three artificial hands.
The most beautiful track through the snow is the track of the oaken leg. In the half-light of this room, the noble glitter of Thuringian glass vibrates in the eyes of all who see it.

## Aleksei Balabanov despliega un viejo mapa de San Petersburgo en una mesa de nogal

El hombre ha visto el interior de cada secreto. Descubrió el hilo agrio del manantial en los sótanos de la casa. Descubrió la piel en el momento anterior al roce de la rama del espino. Descubrió, a través del ojo de la cerradura, el acto innombrable de la Reina Mosca. No le resta pues, más que abandonar las calles de la ciudad amarilla. A bordo de un témpano de hielo que flota en el río, el hombre se dirige con lentitud al horizonte. Entrecerrados sus ojos: su mirada se extingue. En el tiempo del sueño y el punto.


## Aleksei Balabanov unfolds an old map of Saint Petersburg on a walnut table

The man has seen the interior of every secret. He discovered the spring's bitter thread in the basement. Earlier he discovered skin while rubbing the thorn branch. He discovered, through the keyhole, the unnameable act of the Fly Queen. Now he must leave the streets of the yellow city. He makes his way slowly to the horizon on ice floating down the river. His eyes half-closed: his gaze extinguished. In the time of the dream and the dot.

# Rob Zombie camina por la línea amarilla de una carretera desierta

*Para León Krauze*

La mitad del sueño, paraíso. La otra mitad, pesadilla. Caer en uno u otro territorio es asunto de *gravedad*. Porque todo sueño tiene la posibilidad de cambiar de curso en cualquier momento. Y te levantas de la cama sobresaltado. ¿Despertaste en el parpadeo eterno del jardín primero o enjaulado en una de las nítidas letras del infierno?

# Rob Zombie walks down the yellow line of a desert highway

*for León Krauze*

Half the dream—paradise. The other half--nightmare. To fall into one or the other is a matter of *gravity*. Because all dreams may change their course at any moment. And you rise startled from your bed. Did you awaken in the eternal blink of the first garden, or imprisoned in one of hell's sharp letters?

## Jana Sevcikova hunde su mano derecha en el agua

*Seguiremos caminando hacia donde nace el sol* musita el viejo. *Mi ángel no tiene nombre, pero tiene la luz grande en sus uñas,* dice la anciana desdentada. *Sólo hasta que se sumerja por tercera vez en el río, el alma comenzará a ver* dice el que sabe. Los fieles son un campo de girasoles negros tocados por el sol. Tocados por el sol hasta la quemadura. Si los observas demasiado tiempo, la ceniza se derrumbará dentro de ti.

## Jana Sevcikova submerges her right hand in the water

*We will continue to walk towards the place where the sun is born,* the old man whispers. *My angel is nameless, but his fingernails have great light,* the toothless old woman says. *Only as you sink in the river for the third time does the soul begin to see,* says he-who-knows. The faithful are a field of black sunflowers touched by the sun. Touched by the sun until burnt. If you look at them too long, the ash will collapse within you.

## King Hu medita sobre una página que nunca escribió Pu Songling

Después de la lluvia, en un jardín fragante por la soledad, en la hora en que comienzan a encenderse las lámparas, un fantasma se acercará para murmurarte el final del poema que habías olvidado para siempre.

Y quedarás triste.


## King Hu ponders a page that Pu Songling never wrote

After the rain, in a garden sweet with solitude, at the hour when the lamps are lit, a ghost will arrive murmuring the end of the poem you have always forgotten.

And you will be sad.

## Una postal para Hou Xiaoxian

¿Y no es verdad que la luz de esta estrella necesita el tiempo de tres vidas para alcanzar en el fondo de tus ojos el fondo de mis ojos?

## A postcard for Hou Xiaoxian

Isn't it true that the light from that star takes the length of three lives to arrive at the depth of your eyes the depth of my eyes?

## Louise Brooks, por un segundo

Para acercarme a ella, tendría que referirme al deslumbramiento. Pero de lo que hablo pertenece con más precisión al orden sagrado de lo invisible. Constelaciones nuevas, astros imposibles. Ella desciende la escalera, cubierta la piel de las inmóviles gotas del relámpago. En el último peldaño desaparece frente a tus ojos: el arcano más alto de la incandescencia. No has visto nada.


## Louise Brooks, for a moment

To approach her, I have to surrender myself to the dazzle. But the dazzle of which I speak belongs more precisely to the sacred order of the invisible. New constellations, impossible stars. She descends the stairs, her skin ablaze with immobile drops of lightning. On the final step she disappears before your eyes: the highest arcanum of incandescence. You have seen nothing.

6

## Otro

Atrás de la película, hay otra película. Atrás de los actores, se filtran los movimientos de otras personas. Adentro de esta ciudad, existe otra ciudad. Al fondo de la luz, otro resplandor parpadea. Bajo las palabras, se escuchan con claridad otras palabras, pronunciadas por otras voces. Mas allá de la sombra, gotea otra penumbra. Atrás de la música, avanza en silencio otra música. Atrás de tus ojos, otros son los ojos que ven.

## Another

Behind the film is another film. Behind the actors others lurk. There's another city within this city. Within the depths of light another brightness flickers. Beneath the words are other words, intoned by other voices. Beyond the shadow drips another shadow. Behind the music another music quietly advances. Other eyes are seen behind your eyes.

7

## William Kentridge plantea algunos problemas en el pizarrón de una escuela vacía

En un pizarrón cae el rayo del sol. *Oh geometría, oh severa diosa, llévanos a la luz.* La línea se convierte en pájaros al contacto de la mano. De la flauta salen todos los hilos de la noche. La flama en el ojo lo observa todo porque todo lo habrá de devorar. Los labios de la reina nocturna musitan esta combinación de sonidos: *Sternflammende.* La ecuación olvidada en el pizarrón se transforma en un rinoceronte disecado o en un esqueleto de ballena. ¿Wolfang Amadeus? Ruiseñor y compás. En la intersección de dos líneas, una granada abierta.


## William Kentridge lays out some problems on the blackboard of an empty school

The ray of sunlight falls on a blackboard. *Oh geometry, oh obdurate goddess, bring us to the light.* At the touch of his hand the line becomes birds. All the threads of night snake forth from the flute. The flame of the eye sees everything because it needs to devour everything. From the lips of the queen of the night sprouts this combination of whispered sounds: *Sternflammende.* The forgotten equation on the blackboard becomes a dessicated rhinoceros or the skeleton of a dancer. Wolfgang Amadeus? Nightingale and compass. At the intersection of two lines an open pomegranate.

## Un día de diciembre Alexander Sokurov observa el viento que atraviesa el palacio

Al otro lado del mundo, un hombre a solas con su mirada. Río. El agua lenta, diáfana fluye sobre ti. Hablo de lo ininterrumpido. Levemente salobre, recuerdas ese sabor como el más distante y el más cercano. Pronto se cubren tus ojos. Río. Estás solo. Con tu mirada.


## One December day, Alexander Sokurov observes the wind blowing through the palace

On the other side of the world, a man alone with his gaze. River. The slow water, diaphanous, flows over you. I speak of the uninterruptible. Slightly brackish: you remember this taste as furthest and nearest. Swiftly it covers your eyes. River. You are alone. With your gaze.

## Desde una isla Kim Ki-duk te observa

El hombre saca un pez del agua. La carpa se remueve con energía entre las manos que la sujetan. Sin un sonido, el hombre hunde un cuchillo en la carne del costado del pez. Después de tajarlo, lo regresa a la superficie imperturbable del lago. En silencio, el pez herido se pierde entre el verde de las aguas.


## Kim Ki-duk watches you from an island

A man pulls a fish from the water. The carp twists strenuously in the conquering hands. Soundlessly the man sinks a knife into the flesh of its side, then returns it to the lake's imperturbable surface. Silently the wounded fish is lost in the green of the water.

## Man Ray deja encendida la luz por cinco segundos

Asegurarías haber visto en el cuerpo de la mujer frente a la ventana los pensamientos secretos de la lluvia. Pero lo que resbala no es la lluvia, lo que se derrite no es la piel, lo que se desliza no es la luz, lo que cambia no es el vidrio.

Lo que se transforma es tu mente.


## Man Ray lights the light for five seconds

You will convince yourself that you've seen the secret thoughts of rain in the body of the woman opposite the window. But it's not the rain that drips, the skin that melts, the light that flows, the pane that changes.

It's your mind that's transformed.

## Jan Svankmajer da cuerda a un juguete descompuesto

Un ojo recorre la ciudad dormida. A esta hora, sólo los aromas perdidos cruzan las calles. Cree saber el camino, pero al doblar la esquina, el ojo se pierde. Podría guiarse por las estrellas, pero esta noche las constelaciones están incompletas. Si pudiera mirar el cenit sabría que un globo flota sobre el laberinto. Al mismo tiempo, una burbuja cruza, en un itinerario inverso, la ciudad. Bajo los párpados de las estatuas, las pupilas roen los huesos del mundo. Escrito con un trozo de carbón por la mano misma del Emperador, el infinito inventario de maravillas cubre los muros de la ciudad. Atrás del ojo, una salamandra trepa por la aguja de la catedral. Arde en la punta y desciende, cubierta de cristales de sal. Cuando llega a lo más alto del puente, el ojo mira por última vez la ciudad y se lanza al río como una bola ciega de marfil. Al tocar el fondo, la claridad llega a las puertas de la ciudad como un perro enfermo, perdido.

## Jan Svankmajer winds up a broken toy

An eye travels the sleeping city. At this hour only lost odors navigate the streets. The eye, which thinks it knows the way, is lost when it turns the corner. Though it should be able to follow the stars, on this night the constellations are incomplete. If it could see the zenith it would note that a globe floated above the labyrinth. A bubble at that same moment crosses the city in the opposite direction. Eyes beneath the eyelids of the statues gnaw at the bones of the world. Written by the hand of the emperor himself with a chunk of coal, the infinite list of wonders covers the city's walls. Behind the eye, a salamander ascends the cathedral's steeple. It burns at the top and descends, covered with crystals of salt. Arrived at the highest point of the bridge, the eye sees the city for the last time and launches itself into the river like a blind ivory billiard ball. When it touches bottom, light arrives at the gates of the city like a sick dog. Lost.

## Don Francisco de Goya, exiliado en Burdeos, explica a Don Joaquín María de Ferrer y la Fragua el procedimiento que utiliza para pintar miniaturas en marfil

Las bodas del resplandor y la locura se celebran en el hueso más distante. Se trata de apresar el agua que golpea el flanco nocturno de la ciudad, porque habitan sus filos las criaturas de la hora. Se trata de transportar el agua en completo silencio, porque en ese momento hasta la voz más leve guarda el más grande poder. Cae entonces la gota y penetra la entraña del reino. Y ahí despliega sus armas. Tocar es quemar. A su paso se levanta el humo de una grafía, que se multiplica en cada una de las formas del miedo. Me guío en este país con un alfiler que ha traspasado el ácido corazón de las mariposas. *Y veo.*

Con el sonido de un piojo que estalla entre el índice y el pulgar de un pordiosero se cierra esta visión.


## Don Francisco de Goya, in exile in Bordeaux, explains to Don Joaquín María de Ferrer y la Fragua how to paint miniatures on ivory

The marriage of light and madness is fêted on the furthest bone. It's about seizing the water that beats upon the nocturnal flank of the city, because the creatures of the hour inhabit its edges. It's about transporting the water in total silence, because at that moment even the faintest voice is possessed of greatest power. Then the drop falls, penetrates the kingdom's entrails, and displays its weapons there. To touch is to burn. At its passage the smoke of a letter rises, redoubled into every form of fear. I guide myself in this country with a pin that has passed through the acid heart of butterflies. *I see.*

This vision closes with the burst of a louse between the beggar's thumb and index finger.

## Akira Kurosawa medita sobre un verso de Issa Kobayashi

*Para Aline Davidoff*

El solitario espera oculto en la choza más alejada de la aldea. Los asesinos lo buscan. El hombre aguarda mirando como se filtra el tiempo por los resquicios del suelo. En su poder un arma, la última. De pronto, con un solo movimiento, lanza el cuchillo y atraviesa limpiamente el corazón del otoño: la hoja roja tiembla clavada en el suelo.

Esa, la precisión del poeta.


## Akira Kurosawa ponders a verse by Issa Kobayashi

*for Aline Davidoff*

The lone man hides in the hamlet's furthest hut. The killers look for him. The man waits, noting the flow of time through cracks in the soil. The last weapon is within his control. He hurls it suddenly, in one smooth motion, and pierces the heart of autumn: the red leaf trembles, pinned to the ground.

This is the poet's precision.

## Du Kefeng prefiere cerrar los ojos al cruzar el río

Si permaneces inmóvil, el color te confiará un augurio. *Dame tus ojos y te daré el viento* me dijo una vibración que cruzó a mi lado. De las mentiras, el color es la más perfecta. El blanco le comunica al negro una profecía cifrada en un hueso. Años después, aquel le responde con una noche infinita en donde nieva sin pausa. Lo que hoy susurra un color, mañana lo callará. Bajo el párpado del agua, el verde hace fluir dentro de ti la memoria de alguien más. Pero más alto o más adentro, el verde también es amnesia. Leteo. Por un agujero en el azul, eres testigo de cómo se desintegra en el fondo del valle la capital dorada. Es esa hora. *Dame tus ojos y te daré un alma*, te murmura el aire caliente del desierto. Dentro de los muros, en el centro del imperio, una gota roja. Vibra, con el mismo calor que diez mil vidas. La sabiduría del instante. El color es la verdad última.

## Du Kefeng likes to close his eyes while crossing the river

If you stay still, the color will confide an omen to you. *Give me your eyes and I'll give you the wind,* says a vibration that passes beside me. Color is the most perfect of lies. White communicates to black a prophecy encoded in bone. Years later, black answers with an infinite night when it snows incessantly. Whatever a color sighs today it will hide tomorrow. Beneath the eyelid of the water green makes someone else's memory flow within you. But higher up or further down, green is also amnesia. Lethe. Through a hole in the blue you see the golden capital disintegrate on the valley floor. It's that hour. The warm air of the desert whispers, *Give me your eyes and I'll give you a soul.* Within the walls, in the center of the empire, a drop of red. It vibrates with the heat as of ten thousand lives. The moment's wisdom. Color as final truth.

## Louise Bourgeois recoge cantos rodados en la orilla de la isla

No un combate, sino un juego lento, misterioso. Los ojos y el agua. Enfocan las apariciones fosforescentes que arriban del Atlántico norte. Enfocan los fantasmas minúsculos que se pasean en las fábricas abandonadas en tierra firme. El corazón de la marejada es una esfera inmóvil. Los ojos serán la primera piedra de la ciudad nueva.

## Louise Bourgeois gathers cobbles on the shore of the island

Not a battle, but a slow, mysterious game. Eyes and water. Come from the North Atlantic, the shimmering apparitions approach. The tiny ghosts that walk through factories abandoned on dry land. The heart of the tide is an immobile sphere. Eyes will be the first stones of the new city.

## Antes de dormir, mi hijo y yo proyectamos con una lámpara algunas sombras en el techo

*Todo comienza con una ola* me dice Santiago, al tiempo que de su mano surge el tiempo ciego del mar. Se inicia entonces la procesión: el calamar y su ojo fijo, la ballena o el témpano fantasma, el tiburón y los imanes de su mirar, la medusa delgada, ardiente, inasible como la piel de una canción perdida. En ésta, su otra vida, la mano deja en libertad sus identidades secretas. Poco a poco, el cansancio cerca cada dedo y lo conquista, uno a uno, con las armas del sueño. Sin embargo, el tenue desfile continúa su marcha en otras aguas, en otras profundidades, bajo los párpados cerrados.

## Before bedtime my son and I cast shadows on the ceiling

*Everything begins with a wave*, Santiago tells me, when the blind time of the sea comes forth from his hand. Then the procession begins: the squid with its fixed eye, the whale or the phantom ice floe, the shark and its magnetic gaze, the slender jellyfish, with its fiery sting, slippery as the skin of a lost song. In this, its other life, the hand grants its secret selves their freedom. Inch by inch, weariness draws near each finger and conquers it with the weapons of sleep. Doubtless, the faint parade continues in other waters, in other depths, beneath closed eyelids.

## Un film de un segundo para Edgardo Cozarinsky

De pronto, la noche del túnel. En el fondo de la pupila dilatada del exiliado, se insinúa el contorno de una ciudad al alba. ¿El lugar del que partió o el sitio a donde imagina llegar?

No lo sabe, pero nunca entrará en esa ciudad.

## A one second film by Edgardo Cozarinsky

Suddenly, the night of the tunnel. Deep within the exile's dilated eye, a hint of the outline of a city at dawn. The place he left, or the one which he hopes to come to?

He doesn't know, but he never will enter that city.

## Una noche de verano, al bajar la velocidad del auto, me parece ver a David Lynch en un *diner* al lado de la carretera

*Para Edgar Rincón*

El ventilador gira lentamente de izquierda a derecha. La corriente de aire atraviesa la habitación como un pensamiento preciso y abstracto a la vez—como una hormiga negra encarcelada en un trozo de hielo. Un hombre abre la Biblia al azar. Sus ojos se demoran un segundo en caer en la letra que iniciará su camino. El aire hace temblar la esquina de la delgadísima hoja de papel. La página quiere huir, pero la retiene la mano derecha. El hombre lee en silencio un versículo, como si su lengua siguiera el ardor de una raíz muy oscura. Cierra el libro y mira por la ventana. Un jardín nocturno, cubierto de rocío.

## One summer evening, while slowing down the car, I think I see David Lynch in a roadside *diner*

*for Edgar Rincón*

The fan turns slowly from left to right. The current of air crosses the room like a thought both precise and abstract—like a black ant imprisoned in a chunk of ice. A man opens a bible at hazard. His eyes pause for a second as they fall, upon the letter that will begin his path. The air makes the corner of the thin page tremble; it wants to run away, but his right hand stays it. He reads a verse in silence, as if his tongue follows the heat of a darkest root. He closes the book and looks out the window. A nocturnal garden, covered with dew.

## Melodrama de .99 centavos

En tus ojos se revuelve en llamas un perro negro bañado en gasolina—dijo ella.

Tu mirada es azul como los gránulos del veneno de ratas más barato—dijo él.

Nunca se volvieron a ver.


## Dime-store melodrama

"In your eyes a black dog soaked in gasoline writhes in flame," she said.

"Your eyes are the blue of the cheapest rat poison," he said.

They never saw each other again.

## El mecanismo de compartir sueños de los hermanos Quay

De la cabeza de uno nace un alambre negro que termina en la cabeza del otro. Si pones atención podrás descubrir rastros de óxido en algunos trechos; se trata de un ocre muy hermoso como el de un octubre en el que se ha perdido todo. El diminuto esqueleto de un animal extinto comienza a avanzar sobre el cable, montado en una bicicleta que chirría a intervalos regulares. A la mitad del camino, el equilibrista se detiene. Ha pasado de lo borroso a un punto de máxima claridad. Sus huesos despiden una suave luz. Tras un instante, el esqueleto y el vehículo se disgregan en el aire. Sobre el alambre, el resplandor permanece un poco más.


## How the Quay brothers share dreams

A black wire extends from the head of one to the head of the other. If you look closely you'll see traces of rust here and there; it's an ochre as lovely as an October when you've lost everything. The tiny skeleton of an extinct animal begins to make its way along the wire on a bicycle that creaks at almost regular intervals. The tightrope artist pauses halfway through. It has passed from the blur to a point of greatest light. Its bones give off a soft glow. After a moment the skeleton and its vehicle dissolve into the air. The light remains on the wire for a moment longer.

# Dorado 70

*Para Antonio Martínez*

El cine clausurado. Permanece el nombre incompleto de la última película. Dentro de los huecos rotos de la marquesina anidan hoy palomas grises que entran y salen a lo largo de la noche, bajo una luz que da sombras naranjas. Y pienso que no es un mal destino el que las letras de nuestra última palabra se transformen en pájaros secretos que sobrevuelan la ciudad nocturna.

# Dorado 70

*for Antonio Martínez*

The shuttered theater. The incomplete name of the last film remains. Now gray pigeons that flutter back and forth all night beneath a light casting orange shadows nest in the marquee's broken hollows. And I think that it's not a terrible fate that the letters of our last words become secret birds in flight above the sleeping city.

## Una postal para Cai Ming Liang

Nos encontraremos en una noche de lluvia, en la última función del cine en donde todo espectador—tu y yo también—es un fantasma y todo fantasma es una mirada fulgurante en la que se despide, poco a poco, en medio de sus más sencillas ceremonias, la vida.


## A postcard for Cai Ming Liang

We will meet on a rainy night, at the last show in the theater where every spectator—even you and I—is a ghost, and every ghost a flickering glance which, bit by bit, in the midst of its simplest ceremonies, bids farewell to life.

# Film visto en la última página en blanco de un libro de Miltos Sajturis

*Pedro Lastra, al que le debo tanto, me dio su dirección en una carta durante un verano. No me atreví a escribirle. ¿Qué podría decirle yo a éste, el más extraño de los poetas? ¿En qué idioma imposible, mas allá de todo y al mismo tiempo, profundamente sencillo, tendría que escribirle al vidente? Años después, en un sótano de Boston me enteré de su muerte. Y vi la aparición de este film en la página final de un libro:*

A través del ojo de la cerradura, se proyecta el puerto en la pared de la habitación a oscuras. Un niño extiende en el suelo sus tres tesoros: una argolla de cobre, una pluma de cuervo, una semilla de cristal. Es ya la tercera tarde de lluvia. La ciudad musita en la lengua de la herrumbre un diálogo que nadie escucha —excepto el niño, que junta esas palabras en un cuadernito negro que nadie ha visto. Los barcos pudren su imagen en las aceitosas aguas del puerto. Ahora mismo, un hombre observa la escena—y esto también es parte de la película—en la pantalla de un cine en Atenas. Sus ojos vivos brillan como si fuera mediodía. Es Miltos Sajturis. En el bolsillo de su camisa blanca lleva un sobre que recibió esa mañana de Nueva York. En el sobre hay una hoja, doblada en cuatro, en la que transcurre este film que no tiene final, *porque el cine no ama la muerte.*

# Film seen on the back flyleaf of a book by Miltos Sajturis

*Pedro Lastra, to whom I owe much, one summer sent me his address. I didn't dare to write. What could I say to him, the strangest of poets? In what impossible language, at once most distant and most common, could I write to that clairvoyant? Years later, in a basement in Boston, I heard about his death. And I saw this film appear on the last page of a book:*

Through the keyhole the harbor is projected onto the wall of the dark room. A boy spreads his three treasures on the ground: a copper ring, a crow feather, a glass seed. It's the third day of rain. The city whispers in the language of rust a dialogue that nobody hears—except the boy, who gathers those words in a small black notebook that no one has seen. The ships' images rot in the oily waters of the harbor. At this very moment a man watches the scene on the screen of a theater in Athens, and this too is part of the film. His bright eyes shine as if at noon. It's Miltos Sajturis. In the pocket of his white shirt he carries an envelope that he'd received that morning from New York. In the envelope is a sheet of paper, folded in four, on which this film without end unfolds, *because the movies have no love for death.*

## Carta que alguna vez le escribiré a Jacques Prévert

Le escribo desde un hotel a la orilla de la noche. Con esta hoja, el cuaderno se acaba. La lámpara de mi habitación es la única que permanece encendida en la ciudad. Y ahora parpadea débilmente sobre estas palabras, como cuando leí el primer poema verdadero, un niño fugitivo entre las islas. Una música en el pasillo me interrumpe. Y esa tonada, cantada por una voz de mujer, sería la canción más triste, si no contara la que estoy escribiendo. A la medianoche, una manzana envuelta en un periódico puede ser el más alto de los dones. Espero el alba como espero que el destino cumpla su palabra. Ya no hay desiertos de los que huir, ya no hay islas a las que llegar. Y aún así, el solitario se esmera en hacer más hermosa la escritura que no leerá nadie. Y pone: *la esperanza es una llovizna que ya no moja esta calle.*


## A letter I will write some day to Jacques Prévert

I write to him from a hotel on the edge of night, on the notebook's final page, completing it. The light in my room is the last still burning in the city. And now it blinks dimly over these words, as when, a runaway child among the islands, I read the first real poem. Music in the hallway interrupts me. And that note, sung by a woman's voice, could be the saddest of songs, were it not for the one that I'm writing. An apple wrapped in a newspaper can be the best of gifts at midnight. I await the dawn as I wait for fate to keep its promise. Now there are no deserts from which to escape, nor islands at which to arrive. *But the poet struggles in solitude to make the writing that no one will read more beautiful. And he writes: hope is a light rain that now no longer wets this street.*

8

## Al final

No ser más que la partícula de polvo suspendida en el haz de luz y sombra que arroja el proyector en la sala vacía del cine.

## In the end

Not to be more than the mote of dust suspended in the beam of light and shadow projected into the empty theater.

Nueva York, diciembre 2004–octubre 2008
New York, December, 2004 to October, 2008

# Acknowledgements

Some of the Spanish poems have appeared in earlier versions in the journal Alforja and online at El poema diario, in the e-journal Nexos (http://poemas.nexos.com.mx/?p=1367). The Spanish text of Autocinema was published in Mexico in 2010, by Conaculta. Earlier versions of some of the translations appeared in Jerome Rothenberg's blog "Poems and poetics," at Jacket 2 (http://jacket2.org/commentary/gaspar-orozco-ten-prose-poems-autocinema-part-one), and in the e-journal Seedings (http://durationpress.com/projects/seedings/seedings/).

**Gaspar Orozco** was born in Chihuahua, Mexico in 1971. He was a member of the punk rock band Revolución X in the 1990s and codirector of the 2011 documentary film *Subterraneans: Mexican Norteña Music in New York*. His books of poetry include *Abrir fuego* (Mexico City: Tierra Adentro, 2000), *El silencio de lo que cae* (Mexico City: Programa Editorial de la Coordinación de Humanidades, UNAM, 2000), *Notas del país de Z* (bilingual, translation by Mark Weiss) (Chihuahua: Universidad Autónoma de Chihuahua, 2009), *Astrodiario* (El Paso: Bagatela, 2010), *Autocinema* (Mexico City: Conaculta 2010), *Plegarias a la Reina Mosca* (Monterrey: Universidad Autónoma de Nuevo León, 2011), and, in collaboration with the artist Jairus, *Game of Mirrors*, an interactive e-book with English and Chinese translations. His work is featured in several poetry anthologies and has been published in literary publications in Mexico, the United States and the United Kingdom. He has translated poetry from English, French and classical Chinese into Spanish. A career diplomat, he has served in New York, and at the Mexican Consulate in Los Angeles, as Consul for Community Affairs. He currently lives in New York.

**Mark Weiss** has published nine books of poetry, most recently *As Luck Would Have It* (Shearsman Books, 2015) and *Dark Season* (Least Weasel, 2011). *Thirty-Two Short Poems for Bill Bronk, Plus One* appeared as an ebook in 2013 (http://www.argotistonline.co.uk). He edited, with Harry Polkinhorn, *Across the Line / Al otro lado: The Poetry of Baja California* (Junction, 2002). Among his translations are *Stet: Selected Poems of José Kozer* (Junction, 2006), *Cuaderno de San Antonio / The San Antonio Notebook*, by Javier Manríquez (Editorial Praxis, 2004), *Notas del país de Z* (Chihuahua: Universidad Autónoma de Chihuahua, 2009), by Gaspar Orozco, and the ebook *La isla en peso/ The Whole Island*, by Virgilio Piñera (www.shearsman.com, 2010). His bilingual anthology *The Whole Island: Six Decades of Cuban Poetry* was published in 2009 by the University of California Press. He lives at the edge of Manhattan's only forest.

## About Chax

Founded in 1984 in Tucson, Arizona, the mission of Chax is to create community through the publication of books of poetry and related literature through the publication of books of poetry and related literature that are works of excellence and vision, and through the presentation of poets and other artists in public programs as well as in dialogue with each other in symposia. Chax has published nearly 200 books in a variety of formats, including hand printed letterpress books and chapbooks, hybrid digital and letterpress chapbooks, book arts editions, and trade paperback editions such as the book you are holding. In August 2014 Chax moved to Victoria, Texas, and is presently located in the University of Houston Victoria Center for the Arts.

Recent and current books-in-progress include *Lizard*, by Sarah Rosenthal, *Dark Ladies*, by Steve McCaffery, *Andalusia*, by Susan Thackrey, *Limerence & Lux*, by Saba Razvi, *Short Course*, by Ted Greenwald & Charles Bernstein, *Diesel Hand*, by Nico Vassilakis, *An Intermittent Music*, by Ted Pearson, *Arrive on Wave: Collected Poems*, by Gil Ott, *What We Do: Essays for Poets*, by Michael Gottlieb, *Entangled Bank,* by James Sherry, and several other books to come.

You may find CHAX online at http://chax.org.